Impressum

Verlag: BABADADA GmbH, Nedderfeld 112 , 22529 Hamburg

Geschäftsführer / Verlagsleitung: Harald Hof

Druck: Books on Demand GmbH, In de Tarpen 42, 22848 Norderstedt

Imprint

Publisher: BABADADA GmbH, Nedderfeld 112 , 22529 Hamburg, Germany

Managing Director / Publishing direction: Harald Hof

Print: Books on Demand GmbH, In de Tarpen 42, 22848 Norderstedt, Germany

skola

المدرسة

klassrum
القسم
dividera
يقسم
186/2
tavla
اللوح
skolgård
lärare
المعلّم
papper
ورقة
skriva
يكتب
penna
القلم
skrivbord
طاولة المكتب
linjal
المسطرة
bok
الكتاب
elev
التلميذ

skolväska

....

الحقيبة المدرسية

pennfodral

....

المقلمة

blyertspenna

....

قلم الرصاص

pennvässare

....

البرّاية

suddgummi

....

المِمحاة

ritblock

....

دفتر الرسم

2 skola - المدرسة

teckning

الرسمة

pensel

الفرشاة

målarlåda

علبة التلوين

sax

المقص

lim

المادة اللاصقة

övningsbok

دفتر التمارين

hemläxa

الواجب المدرسي

tal

الرقم

addera

يجمع

subtrahera

يطرح

multiplicera

يضرب

räkna

يحسب

bokstav

الحرف

alfabet

الأبجدية

ord

كلمة

text

....

النص

läsa

....

يقرأ

krita

....

الطبشور

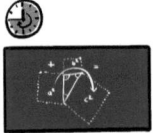

lektion

....

الحصة

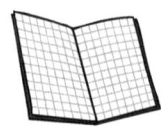

register

....

دفتر الدوام المدرسي

prov

....

الامتحان

intyg

....

شهادة

skoluniform

....

اللباس المدرسي

utbildning

....

التعليم

uppslagsverk

....

الموسوعة

universitet

....

الجامعة

mikroskop

....

المِجهر

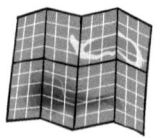

karta

....

الخريطة

papperskorg

....

قماما

hotell
فندق
Grand
vandrarhem
بيت الشباب
ROOMS
växelkontor
مكتب صرافة
resväska
حقيبة
bil
سيارة

språk
اللغة

ja / nej
نعم / لا

Okay
حسناً

hej
مرحباً

översättare
مترجم

Tack
شكراً

hur mycket kostar...?

كم ثمن ... ؟

jag förstår inte

لا أفهم

problem

مشكلة

God kväll!

مساء الخير

God morgon!

صباح الخير!

God natt!

ليلة سعيدة

hejdå

إلى اللقاء

riktning

اتجاه

bagage

أمتعة السفر

väska

حقيبة

ryggsäck

حقيبة ظهر

gäst

ضيف

rum

غرفة

sovsäck

كيس للنوم

tält

خيمة

turistinformation

استعلامات سياحية

strand

شاطئ

kreditkort

بطاقة ائتمان

frukost

إفطار

lunch

طعام الغداء

middag

العشاء

biljett

بطاقة سفر

hiss

مصعد

frimärke

طابع بريدي

gräns

حدود

tull

الجمارك

ambassad

سفارة

visum

تأشيرة

pass

جواز سفر

transport
نقل

flygplan
طائرة
fartyg
سفينة
brandbil
سيارة إطفاء
buss
حافلة
lastbil
سيارة شاحنة
motorbåt
زورق آلي
cykel
درّاجة
bil
سيارة

färja

عبارة

båt

قارب

motorcykel

دراجة نارية

polisbil

سيارة شرطة

racerbil

سيارة سباق

hyrbil

سيارة مستأجرة

bilpool

أسلوب تشاركي في استئجار السيارات

bärgningsbil

سيارة للجر

sopbil

سيارة نقل القمامة

motor

محرك

bränsle

وقود

bensinstation

محطة وقود

vägmärke

إشارة مرور

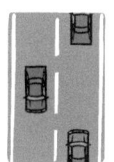

trafik

حركة السير

bilkö

ازدحام سير

parkeringsplats

موقف سيارات

tågstation

محطة قطار

räls

سكك حديدية

tåg

قطار

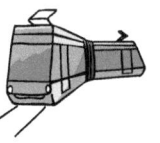

spårvagn

ترام

vagn

عربة قطار

helikopter

طائرة مروحية

flygplats

مطار

torn

برج

passagerare

مسافر

container

حاوية

kartong

علبة كرتون

vagn

عربة يد

korg

سلة

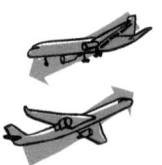

starta / landa

يقلع / يهبط

stad

مدينة

by

قرية

centrum

مركز المدينة

hus

بيت

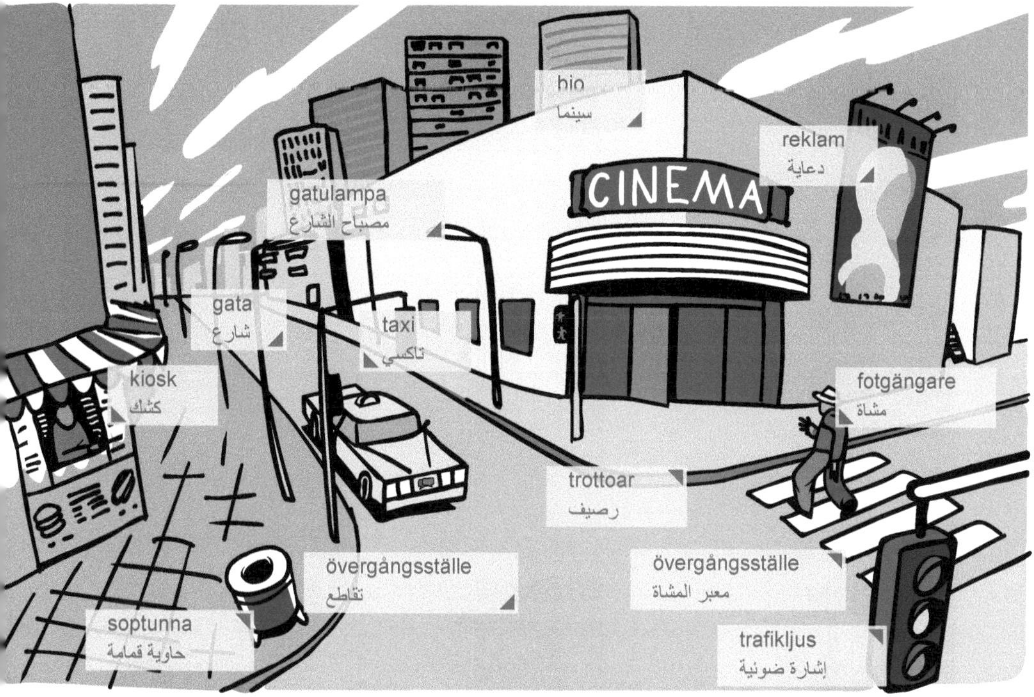

bio
سينما

reklam
دعاية

gatulampa
مصباح الشارع

CINEMA

gata
شارع

taxi
تاكسي

kiosk
كشك

fotgängare
مشاة

trottoar
رصيف

övergångsställe
تقاطع

övergångsställe
معبر المشاة

soptunna
حاوية قمامة

trafikljus
إشارة ضوئية

stuga
كوخ

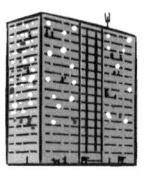

lägenhet
شقة

tågstation
محطة قطار

stadshus
دار البلدية

museum
متحف

skola
المدرسة

universitet

الجامعة

bank

مصرف

sjukhus

المستشفى

hotell

فندق

apotek

صيدلية

kontor

مكتب

bokhandel

مكتبة

affär

متجر

blomsterbutik

محل لبيع الزهور

stormarknad

سوبرماركت

marknad

سوق

varuhus

متجر كبير

fiskhandlare

تاجر السمك

köpcentrum

مركز تسوّق

hamn

ميناء

park

حديقة عامة

bänk

مقعد

brygga

جسر

trappa

درج، سلم

tunnelbana

مترو

tunnel

نفق

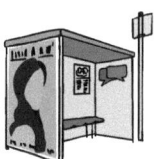

busshållplats

موقف حافلات

bar

بار

restaurang

مطعم

brevlåda

صندوق البريد

gatuskylt

لافتة باسم الشارع

parkeringsautomat

مقياس زمن الوقوف

zoo

حديقة حيوانات

simbassäng

مسبح

moské

مسجد

bondgård

مزرعة

förorening

تلوث البيئة

kyrkogård

مقبرة

kyrka

كنيسة

lekplats

ملعب الأطفال

tempel

معبد

landskap

طبيعة ريفية

löv
ورقة

vägskylt
علامة إرشاد

väg
طريق

äng
مرج

sten
حجر

träd
شجرة

liftare
رحالة

flod
نهر

gräs
عشب

blomma
زهرة

dal

وادٍ

kulle

جبل

sjö

بحيرة

skog

غابة

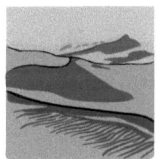

öken

صحراء

vulkan

بركان

slott

قلعة

regnbåge

قوس قزح

svamp

فِطر

palm

نخلة

mygga

بعوض

fluga

ذبَابة

myra

نملة

bi

نحلة

spindel

عنكبوت

skalbagge

خنفساء

groda

ضفدعة

ekorre

سنجاب

igelkott

قنفذ

hare

أرنب

uggla

بومة

fågel

عصفور

svan

بجعة

vildsvin

خنزير برّي

rådjur

غزال

älg

إلكة

damm

سد

vindkraftverk

دولاب الطاحونة الهوائية

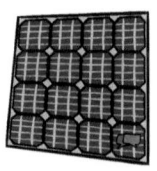

solcellspanel

خلية شمسية

klimat

مناخ

restaurang

مطعم

servitör
نادل
meny
لائحة الطعام
stol
كرسي
soppa
حساء
pizza
بيتزا
bestick
أدوات المائدة
bordsduk
غطاء المائدة

förrätt

مقبلات

huvudrätt

الصحن الرئيسي

dessert

حلوى أو فاكهة بعد الطعام

drycker

مشروبات

mat

طعام

flaska

زجاجة

snabbmat

وجبات سريعة

street food

طعام الشارع

tekanna

إبريق الشاي

sockerskål

علبة السكر

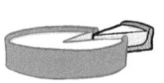

portion

حصّة

espressomaskin

آلة الإسبريسو

barnstol

كرسي عالٍ

räkning

فاتورة

bricka

صينية

kniv

سكين

gaffel

شوكة

sked

ملعقة

tesked

ملعقة الشاي

servett

منديل المائدة

glas

كأس

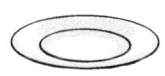

tallrik

صحن

sopptallrik

صحن الحساء

tefat

صحن الفنجان

sås

صلصة

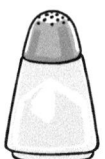

saltkar

مملحة

pepparkvarn

مطحنة الفلفل

vinäger

خلّ

olja

زيت الطعام

kryddor

توابل

ketchup

كتشاب

senap

خردل

majonnäs

مايونيز

stormarknad

سوبرماركت

specialerbjudande
عرض خاص
kund
زبون
mejeriprodukter
مشتقات الحليب
frukt
فواكه
varukorg
عربة تسوّق

charkuteri

جزّار

bageri

مخبز

väga

يزن

grönsaker

خضار

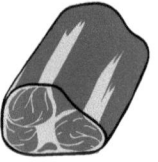

kött

لحم

frysta livsmedel

المأكولات المجمّدة

pålägg

مرتدلا أو جبن

konserver

معلّبات

tvättmedel

مسحوق الغسيل

godis

حلويات

hushållsprodukter

المواد المنزلية

rengöringsmedel

منظّفات

försäljare

بائعة

kassa

صندوق الحساب

kassör

أمين صندوق

inköpslista

قائمة المشتريات

öppettider

أوقات العمل

plånbok

محفظة النقود

kreditkort

بطاقة ائتمان

väska

حقيبة

plastpåse

كيس بلاستيكي

drycker
مشروبات

vatten

ماء

juice

عصير

mjölk

حليب

cola

كولا

vin

نبيذ

öl

بيرة

alkohol

كحول

kakao

كاكاو

te

شاي

kaffe

قهوة

espresso

قهوة إسبريسو

cappuccino

كابوتشينو

banan

موزة

äpple

تفاح

apelsin

برتقال

melon

بطيخ

citron

ليمون

morot

جزرة

vitlök

ثوم

bambu

خيزران

lök

بصل

svamp

فطر

nötter

لوزيات

nudlar

شعيرية

spaghetti

سباغيتي

ris

أرز

sallad

سلطة

pommes frites

بطاطا مقلية

stekt potatis

بطاطا مقلية

pizza

بيتزا

hamburgare

هامبورغر

smörgås

ساندويش

schnitzel

شريحة لحم مقلية

skinka

لحم خنزير

salami

سلامي

korv

سجق

kyckling

دجاج

stek

لحم محمر

fisk

سمك

havregryn

دقيق الشوفان

müsli

موسلي

cornflakes

كورن فلكس

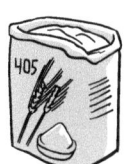

mjöl

طحين

croissant

كرواسان

fralla

خبز صغير

bröd

خبز

rostat bröd

خبز محمص

kex

بسكويت

smör

زبدة

kvarg

لبن زبادي

kaka

كعكة

ägg

بيضة

stekt ägg

بيض مقلي

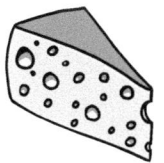

ost

جبنة

glass

مثلجات

socker

سكر

honung

عسل

sylt

مربّى الفاكهة

nougatkräm

كريم النوغا

curry

الكاري

bondgård
مزرعة

lantgård
بيت الفلاح
ladugård
مخزن غلال
halmbal
رزمة من التبن
fält
حقل
häst
حصان
trailer
مقطورة
traktor
جرار
föl
مهر
åsna
حمار
får
خروف
lamm
خروف

get

ماعز

ko

بقرة

kalv

عجل

gris

خنزير

griskulting

خنزير صغير

tjur

ثور

gås

إوزّة

anka

بطة

kyckling

صوص

höna

دجاجة

tupp

ديك

råtta

جرذ

katt

قطة

mus

فأر

oxe

ثور

hund

كلب

hundkoja

كوخ الكلب

trädgårdsslang

خرطوم الحديقة

vattenkanna

إبريق

lie

منجل

plog

المحراث

skära

منجل

hacka

معزقة

högaffel

مذراة الزبل

yxa

بلطة

skottkärra

عربة يد

tråg

معلف

mjölkflaska

صفيحة الحليب

säck

كيس

staket

سياج

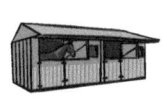

stall

اصطبل

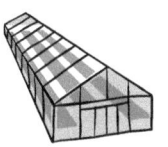

växthus

دفيئة

jord

تربة

säd

بذور

gödsel

سماد

skördetröska

حصّادة درّاسة

skörda

....

يحصد

skörd

....

محصول

jams

....

بطاطا يامس

vete

....

قمح

soja

....

صويا

potatis

....

بطاطا

majs

....

ذرة

raps

....

سلجم

frukttträd

....

شجرة فاكهة

maniok

....

نبات منيهوت

spannmål

....

الحبوب

hus

بيت

skorsten
مدخنة
tak
سقف
stuprör
مزراب
fönster
نافذة
garage
مرآب
dörrklocka
جرس الباب
dörr
باب
soptunna
brevlåda
صندوق البريد
trädgård
حديقة

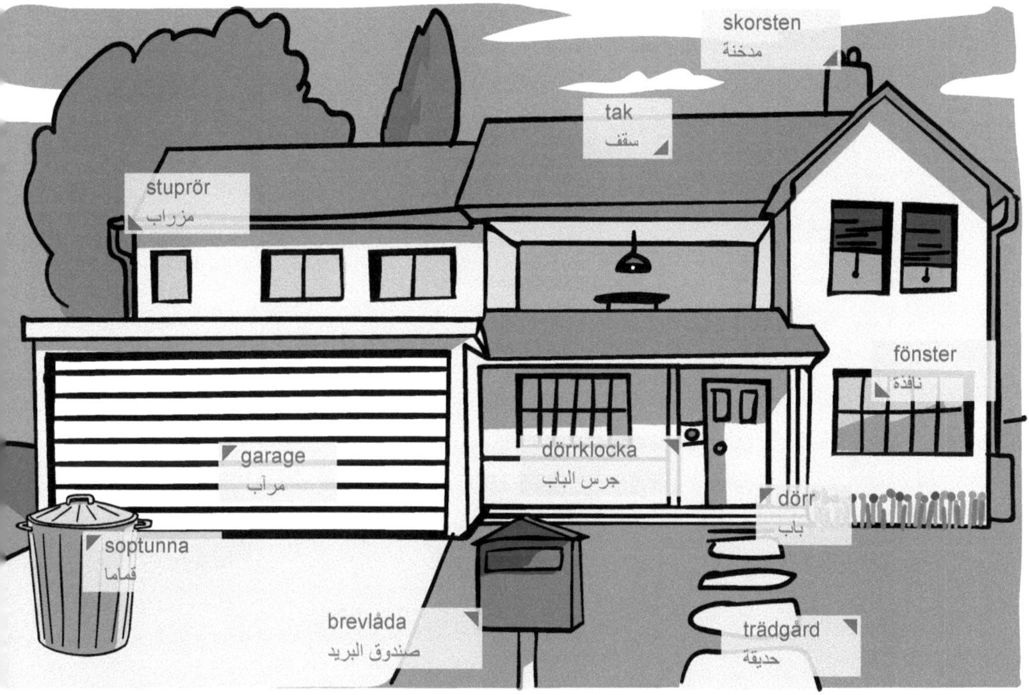

vardagsrum
غرفة جلوس

badrum
الحمّام

kök
مطبخ

sovrum
غرفة النوم

barnrum
غرفة الأطفال

matsal
غرفة الطعام

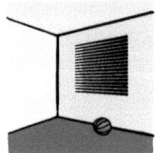

golv

أرضية

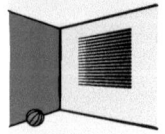

vägg

حائط

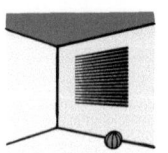

tak

سقف

källare

قبو

bastu

ساونا

balkong

بلكون

terrass

شرفة

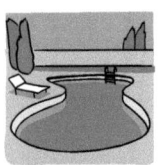

bassäng

مسبح

gräsklippare

جزّازة العشب

lakan

بياضات السرير

överkast

بطانية

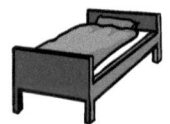

säng

سرير

kvast

مكنسة

hink

سطل

strömbrytare

مفتاح كهربائي

vardagsrum
غرفة جلوس

tapet
ورق جدران
bild
صورة
lampa
مصباح كهربائي
hylla
رف
skåp
خزانة
TV
تلفزيون
eldstad
موقد مفتوح
blomma
زهرة
kudde
وسادة
soffa
كنبة
vas
مزهرية
fjärrkontroll
تحكم عن بعد

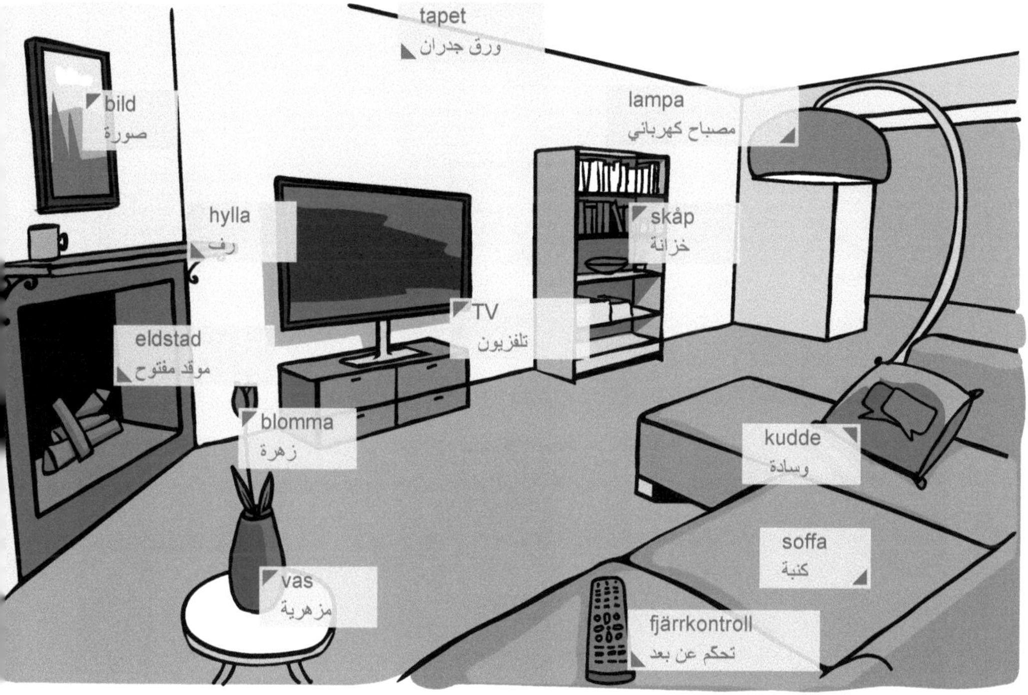

matta
بصاط

gardin
ستارة

bord
طاولة

stol
كرسي

gungstol
كرسي هزّاز

fåtölj
كرسي ذو ذراعين

bok

الكتاب

filt

بطانية

dekoration

زخرفة

vedträ

الحطب

film

فيلم

stereoanläggning

تجهيزات ستيريو

nyckel

مفتاح

dagstidning

جريدة

målning

لوحة مرسومة

poster

مُلصق

radio

راديو

anteckningsbok

دفتر ملاحظات

dammsugare

المكنسة الكهربائية

kaktus

صبّار

stearinljus

شمعة

kök
مطبخ

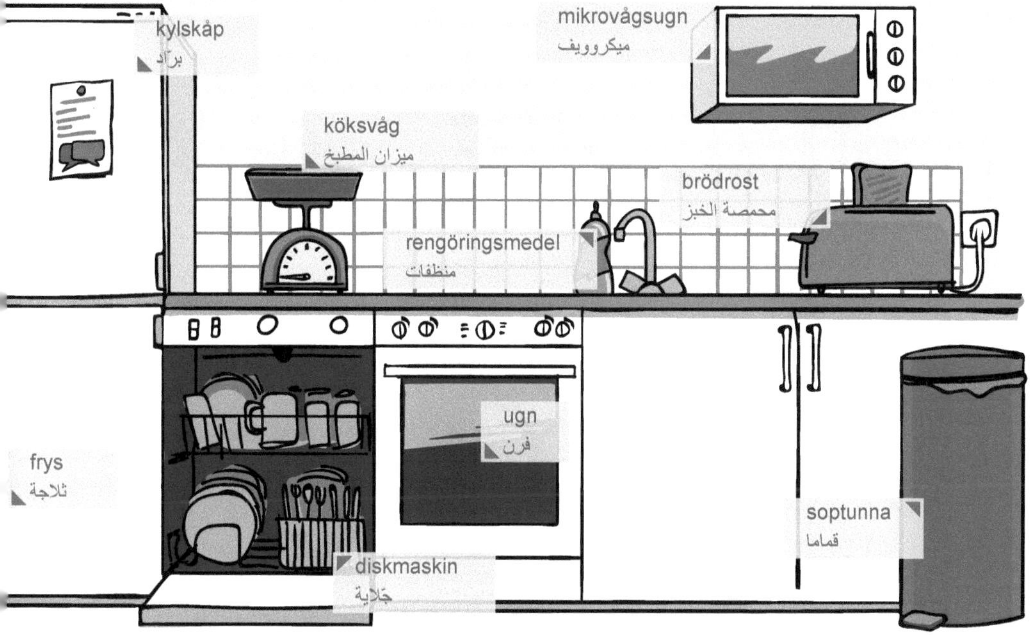
kylskåp
براد
mikrovågsugn
ميكروويف
köksvåg
ميزان المطبخ
brödrost
محمصة الخبز
rengöringsmedel
منظفات
ugn
فرن
frys
ثلاجة
soptunna
قمامة
diskmaskin
جلاية

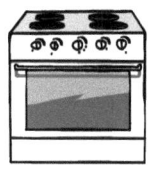

spis
موقد

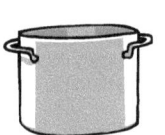

kastrull
قدر

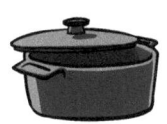

järngryta
وعاء من الحديد

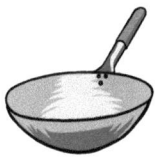

wok / kadai
قدر صيني

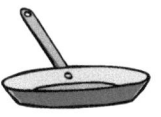

stekpanna
مقلاة

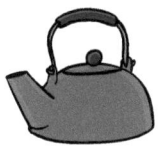

vattenkokare
غلاية

ångkokare

قدر البخار

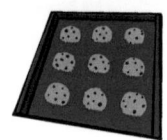

bakplåt

صينية

porslin

أواني

mugg

فنجان

skål

صحن

ätpinnar

عيدان الأكل

soppslev

مغرفة

stekspade

ملعقة منبسطة

visp

خفاقة

durkslag

مصفاة

sil

مصفاة

rivjärn

مِبشرة

mortel

هاون

grill

شواء

brasa

موقد

skärbräda

لوح التقطيع

kavel

نشّابة

korkskruv

مفتاح الزجاجات

burk

علبة

burköppnare

مفتاح العلب المعدنية

grytlapp

قماش الفرن

vask

مجلى

borste

فرشاة

svamp

إسفنج

mixer

خلاط

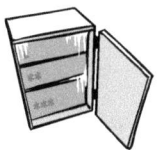

frys

مجمّدة

nappflaska

زجاجة الطفل

kran

صنبور الماء

badrum
الحمّام

värme
تدفئة
handduk
منشفة
dusch
دوش
duschdraperi
ستارة الدوش
bubbelbad
حمام رغوة
badkar
حوض الحمام
glas
كأس
tvättmaskin
غسالة
kran
صنبور الماء
kakel
بلاط
potta
قفازات مطاطية
vask
مجلى

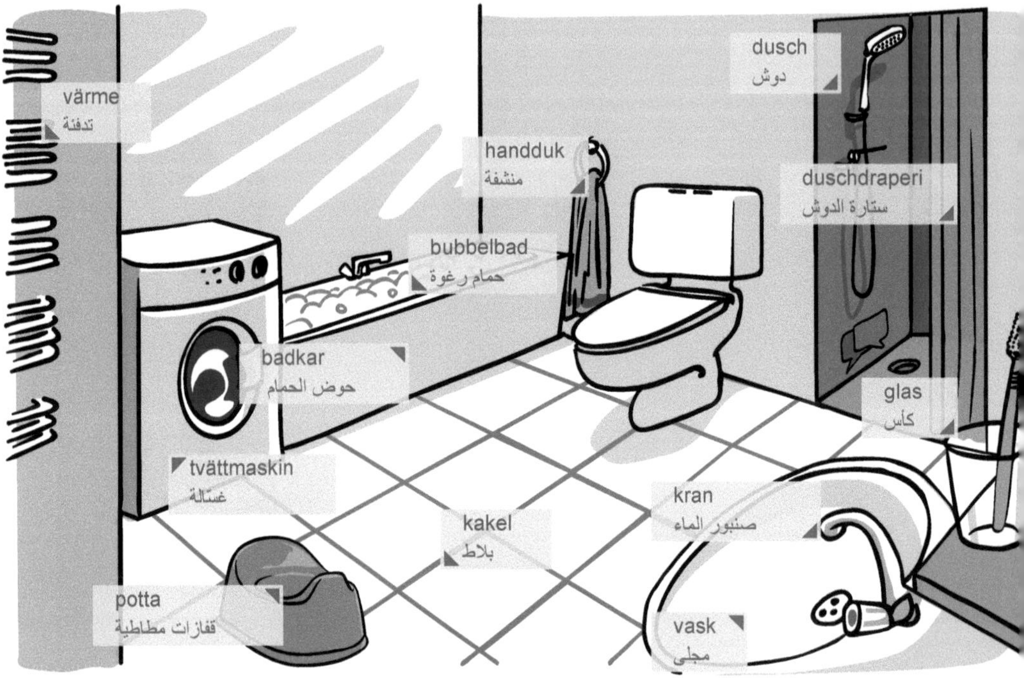

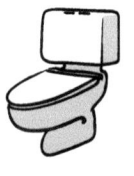

toalett

حمام

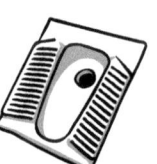

låg toalett

مرحاض القرفصاء

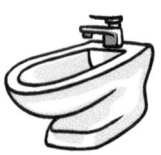

bidet

حوض التشطيف

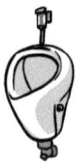

pissoar

مبولة

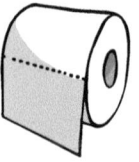

toalettpapper

ورق المرحاض

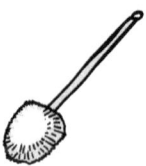

toalettborste

فرشاة الحمام

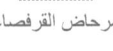

tandborste

فرشاة الأسنان

tandkräm

معجون الأسنان

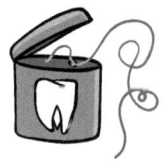

tandtråd

خيط حرير لتنظيف الأسنان

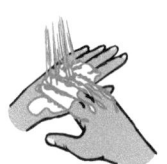

tvätta

يغسل

handdusch

رشاش ماء يدوي

intimdusch

شطاف

handfat

حوض الغسيل

ryggborste

فرشاة الظهر

tvål

صابون

duschgel

جيل الدوش

schampo

شامبو

trasa

ممسحة

avlopp

مصرف للماء

crème

مرهم

deodorant

مزيل الروائح

spegel

مرآة

handspegel

مرآة يد

rakhyvel

موس حلاقة

raklödder

رغوة الحلاقة

rakvatten

كولونيا

kam

مشط

borste

فرشاة

hårtork

سشوار

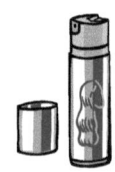

hårspray

مثبت للشعر

smink

ماكياج

läppstift

روج

nagellack

طلاء أظافر

bomullsvadd

قطن

nagelsax

مقص أظافر

parfym

عطر

necessär

سلة الغسيل

pall

مقعد صغير

våg

ميزان

badrock

معطف الحمام

gummihandskar

قفازات مطاطية

tampong

سدادة قطنية

binda

منشفة صحية

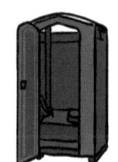

kemisk toalett

تواليت كيميائية

barnrum

غرفة الأطفال

väckarklocka
منبّه
gosedjur
الحيوانات المحنطة
leksaksbil
سيارة لعبة
skallra
خشخشة
dockhus
بيت الدمى
present
هدية

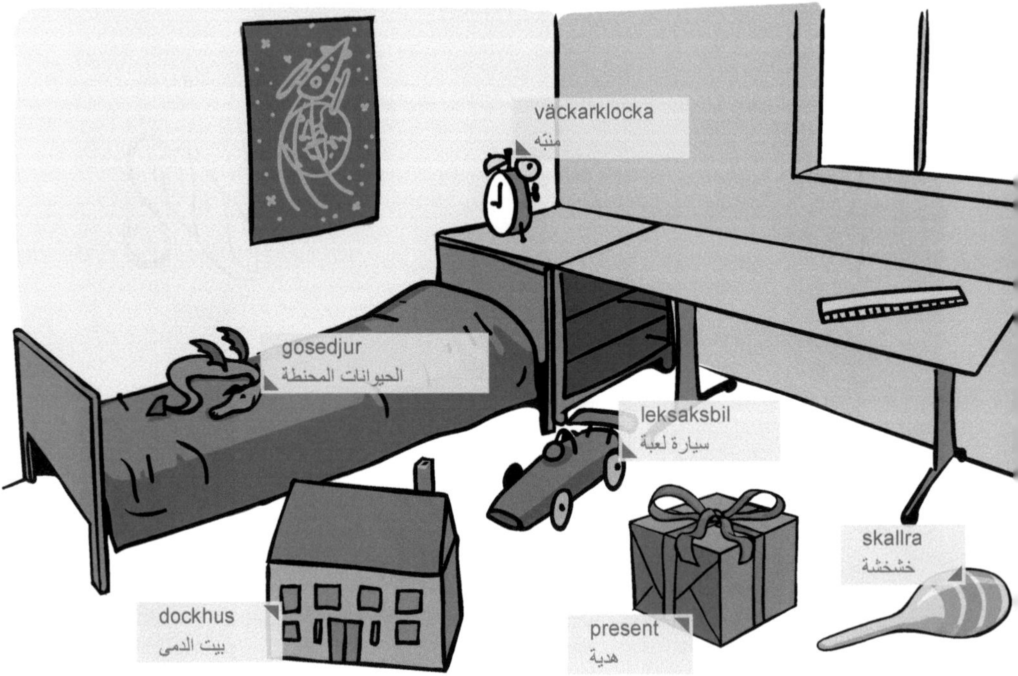

ballong

بالون

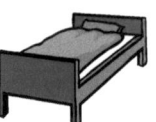

säng

سرير

barnvagn

عربة الأطفال

kortlek

لعبة الورق

pussel

أحجية

serietidning

رسوم هزلية

legobitar

أحجار الليغو

klossar

حجارة تركيب

actionfigur

دمية بطل

sparkdräkt

لباس الطفل

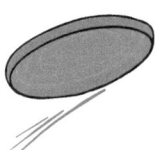

frisbee

فريسبي

mobil

دمية معلّقة

brädspel

لعبة الطاولة

tärning

لعبة النرد

modelljärnväg

لعبة قطار

napp

مصّاصة

party

حفلة

bilderbok

كتاب مصوّر

boll

كرة

docka

دمية

spela

يلعب

sandlåda

ملعب رملي للأطفال

gunga

أرجوحة

leksaker

لعبة

spelkonsol

ألعاب فيديو

trehjuling

دراجة ثلاثية

nalle

دمية على شكل الدب

garderob

خزانة الثياب

kläder

ثياب

sockar

جوارب قصيرة

strumpor

جوارب طويلة

tights

جورب بنطلون

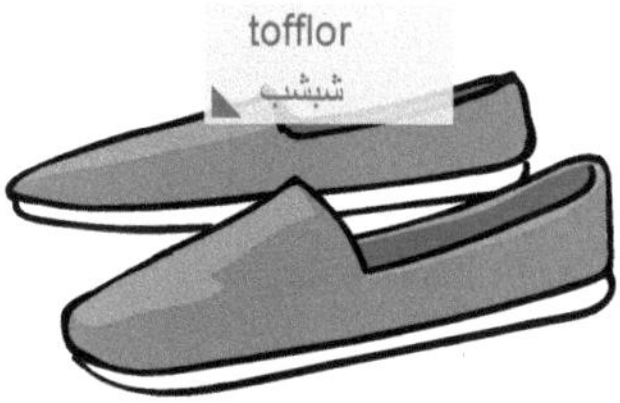

halsduk
شال

paraply
شمسية

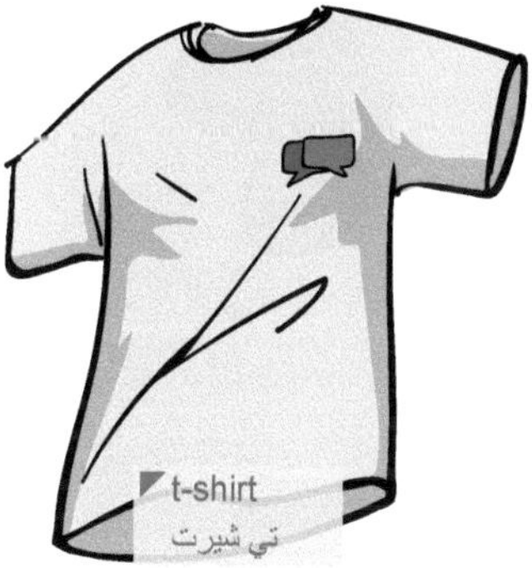

t-shirt
تي شيرت

bälte
حزام

stövlar
حذاء شتوي

tofflor
شبشب

sneakers
أحذية رياضية

sandaler

صندل

skor

حذاء

gummistövlar

جزمة كاوتشوك

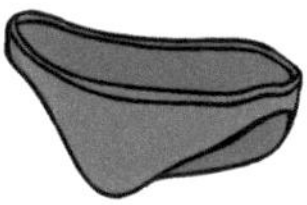

underbyxor

سروال داخلي

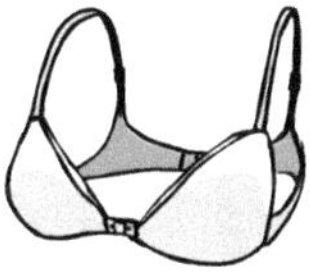

BH

صدّارة

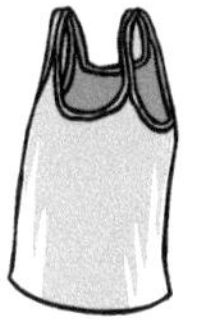

linne

قميص داخلي

body

لباس ملاصق للجسم

byxor

بنطلون

jeans

جينز

kjol

تنورة

blus

بلوزة

skjorta

قميص

pullover

سترة قطنية

sweater

كنزة كم طويل

blazer

سترة فضفاضة

jacka

سترة

kappa

معطف

regnjacka

معطف مطري

dräkt

زي - طقم نسائي

klänning

ثوب

bröllopsklänning

ثوب الزفاف

kostym

طقم

nattlinne

قميص نوم

pyjamas

بيجاما

sari

ساري

slöja

حجاب

turban

عمامة

burka

برقع

kaftan

قفطان

abaya

عباءة

baddräkt

مايوه

badbyxor

سروال سباحة

shorts

شرت

träningsoverall

بدلة رياضية

förkläde

مئزر

handskar

قفازات

knapp

زر

glasögon

نظّارة

armband

إسوارة

halsband

عقد

ring

خاتم

örhänge

قرط

mössa

طاقيّة

galge

علاقة ثياب

hatt

قبّعة

slips

ربطة العنق

dragkedja

سحّاب

hjälm

خوذة

hängslen

حمّالة البنطلون

skoluniform

اللباس المدرسي

uniform

زي موحّد

haklapp
مريلة الأطفال

napp
مصّاصة

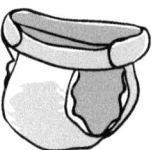

blöja
لفافة

kontor
مكتب

server
المخدّم
dokumentskåp
خزانة الملفات
skrivare
طابعة
papper
ورقة
bildskärm
شاشة
mus
فارة
skrivbord
طاولة المكتب
mapp
ملف
tangentbord
لوحة المفاتيح
papperskorg
قماما
dator
حاسوب
stol
كرسي

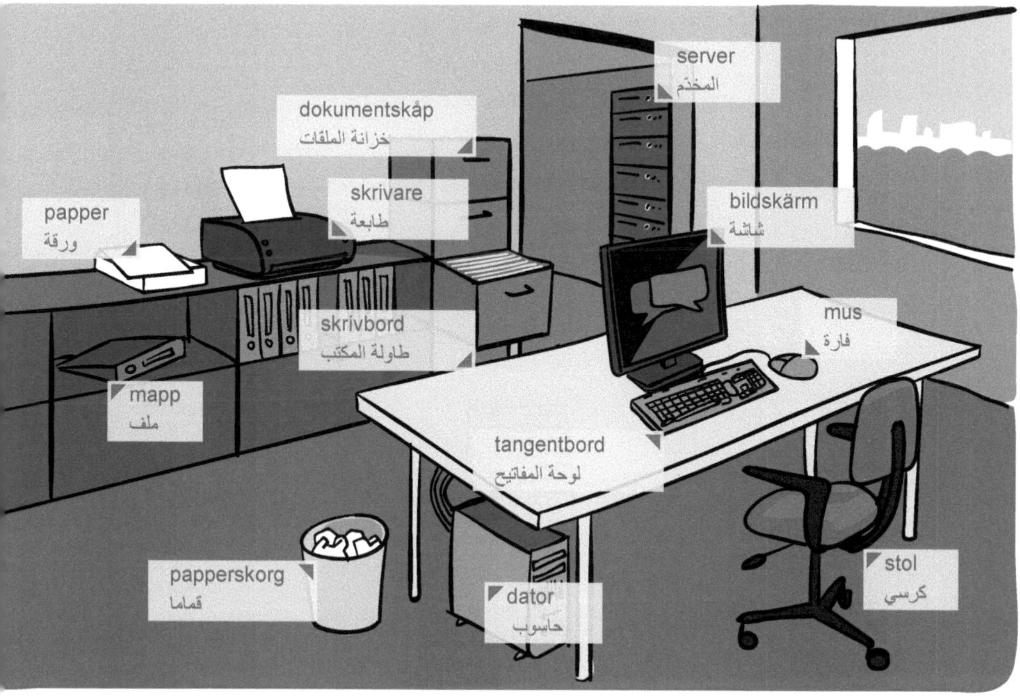

kaffemugg
كأس من القهوة

miniräknare
الآلة الحاسبة

internet
الإنترنت

bärbar dator

الحاسوب المحمول

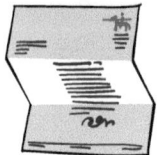

brev

رسالة

meddelande

خبر

mobiltelefon

الهاتف المحمول

nätverk

شبكة

kopieringsapparat

جهاز تصوير

programvara

البرمجيات

telefon

هاتف

vägguttag

مقبس كهربائي

fax

فاكس

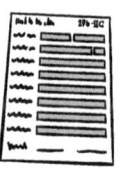

blankett

استمارة

dokument

وثيقة

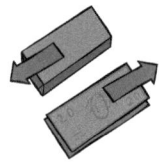

ekonomi
اقتصاد

köpa

يشتري

betala

يدفع

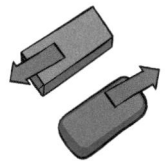

handla

يتاجر

pengar

مال

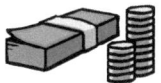

dollar

دولار

euro

يورو

yen

ين

rubel

روبل

schweizisk franc

فرنك سويسري

renminbi yan

يوان

rupie

روبية

bankomat

صرّاف آلي

växelkontor

مكتب صرافة

guld

ذهب

silver

فضة

olja

نفط

energi

طاقة

pris

سعر

kontrakt

عقد

skatt

ضريبة

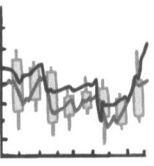

aktie

سهم

arbeta

يعمل

anställd

موظف

arbetsgivare

رب العمل

fabrik

مصنع

affär

متجر

yrken
المِهَن

polis
الشرطي
brandman
رجل إطفاء
kock
طبّاخ
läkare
الطبيب
pilot
طيّار

trädgårdsmästare
بستاني

snickare
نجّار

sömmerska
خيّاطة

domare
قاضٍ

kemist
كيميائي

skådespelare
ممثل

busschaufför
....
سائق حافلة

taxichaufför
....
سائق تاكسي

fiskare
....
صياد سمك

städerska
....
أجيرة للتنظيف

takläggare
....
بنّاء سقف

servitör
....
نادل

jägare
....
صيّاد

målare
....
رسّام

bagare
....
خباز

elektriker
....
كهربائي

byggarbetare
....
عامل بناء

ingenjör
....
مهندس

slaktare
....
لحّام

rörmokare
....
سمكري

brevbärare
....
ساعي البريد

soldat

جندي

arkitekt

مهندس معماري

kassör

أمين صندوق

florist

بائع الزهور

frisör

حلاق

konduktör

مراقب القطار

mekaniker

ميكانيكي

kapten

قبطان

tandläkare

طبيب أسنان

vetenskapsman

رجل العلم

rabbin

حاخام

imam

إمام

munk

راهب

präst

كاهن

verktyg
عدة عمل

tång
كمّاشة
hammare
مطرقة
skruvmejsel
مفك البراغي
skiftnyckel
مفتاح ربط
ficklampa
مصباح يد

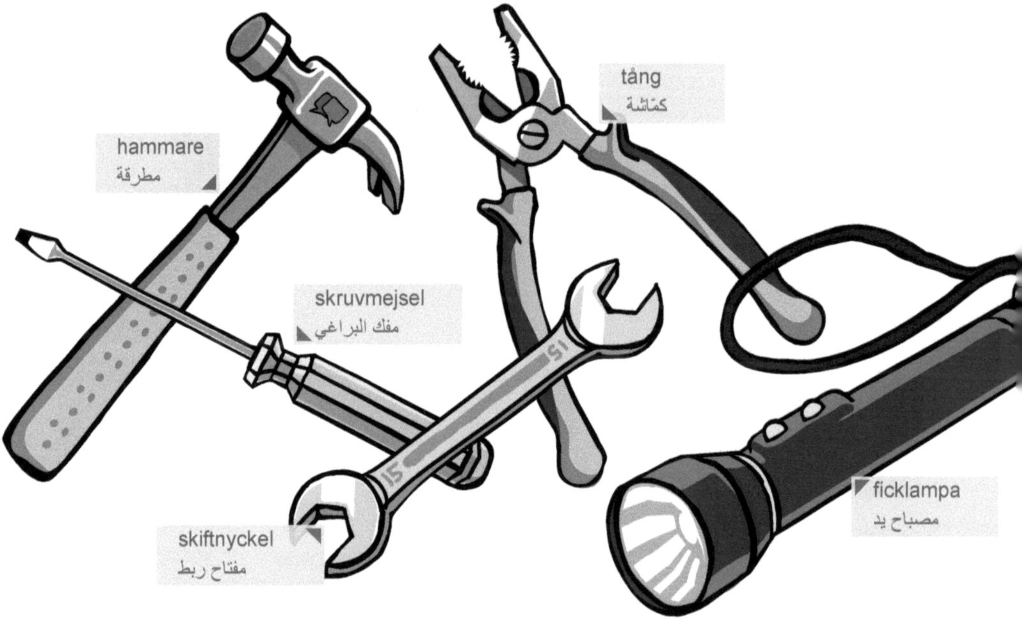

grävmaskin

جرافة

verktygslåda

صندوق العدة

stege

سلّم

såg

منشار

spik

مسامير

borr

مثقب

reparera

يصلح

spade

مجرفة

Helvete!

اللعنة

sopskyffel

لقاطة الكناسة

färgburk

سطل الألوان

skruvar

براغي

musikinstrument

آلات موسيقية

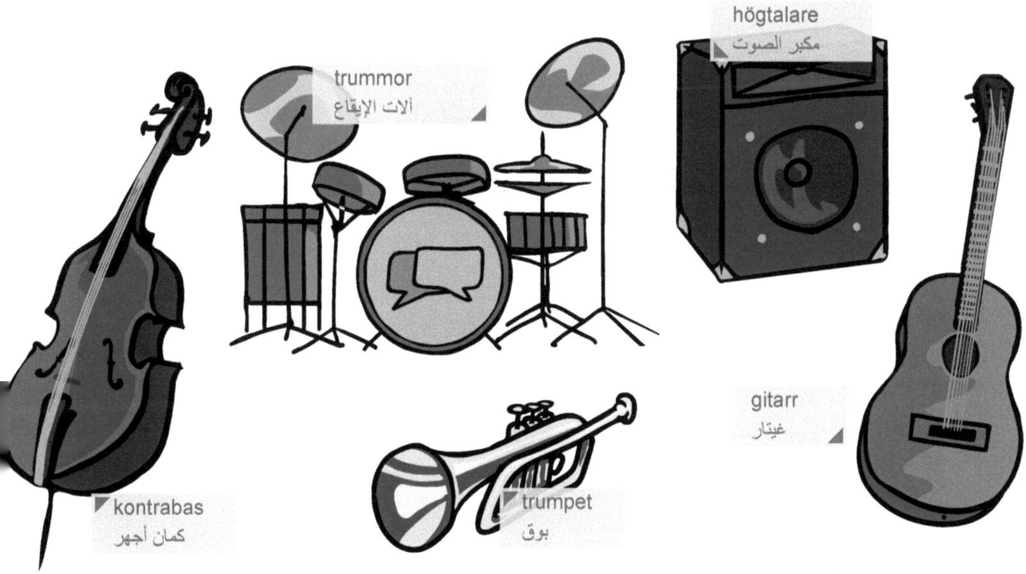

trummor
آلات الإيقاع

högtalare
مكبر الصوت

gitarr
غيتار

kontrabas
كمان أجهر

trumpet
بوق

piano

بيانو

violin

كمنجة

bas

جهير

timpani

طبل كبير

trumma

طبل

keyboard

بيانو كهربائي

saxofon

ساكسوفون

flöjt

ناي

mikrofon

ميكروفون

ZOO

حديقة حيوانات

tiger
نمر
bur
قفص
zebra
حمار الوحش
djurfoder
علف للحيوانات
panda
دب باندا
ingång
مدخل

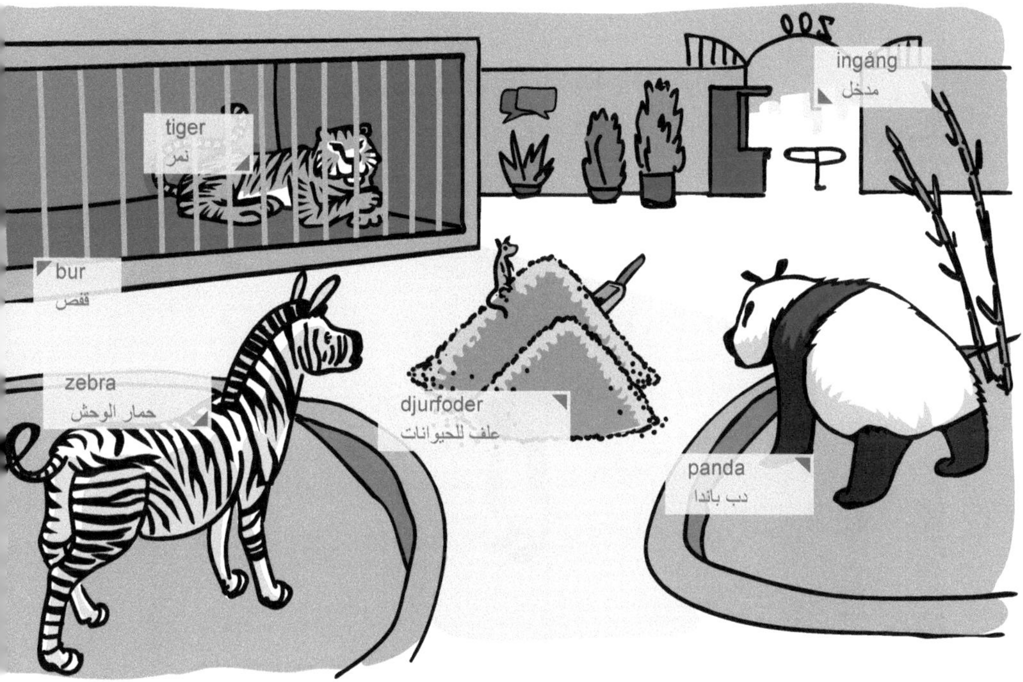

djur

حيوانات

elefant

فيل

känguru

كنغر

noshörning

وحيد القرن

gorilla

غوريلا

björn

دب

kamel

جمل

struts

نعامة

lejon

أسد

apa

قرد

flamingo

طائر فلامينغو

papegoja

ببغاء

isbjörn

دب قطبي

pingvin

بطريق

haj

سمك القرش

påfågel

طاووس

orm

أفعى

krokodil

تمساح

djurskötare

حارس في حديقة الحيوان

säl

عجل البحر

jaguar

نمر أمريكي مرقط

ponny

فرس قزم

leopard

نمر

flodhäst

فرس النهر

giraff

زرافة

örn

نسر

vildsvin

خنزير برّي

fisk

سمك

sköldpadda

سلحفاة

valross

حيوان فظ البحري

räv

ثعلب

gazell

غزال

sport
رياضة

كرة القدم الأمريكية
cykling
ركوب الدراجات
tennis
كرة التنس
basket
كرة السلة
simning
السباحة
boxning
الملاكمة
ishockey
هوكي الجليد

fotboll
كرة القدم

badminton
الريشة الطائرة

friidrott
ألعاب القوى الخفيفة

handboll
كرة اليد

skidåkning
التزلج على الثلج

polo
بولو

aktiviteter
نشاطات

hoppa
يقفز
krama
يعانق
skratta
يضحك
gå
يمشي
sjunga
يغنّي
drömma
يحلم
be
يصلّي
kyssa
يقبل

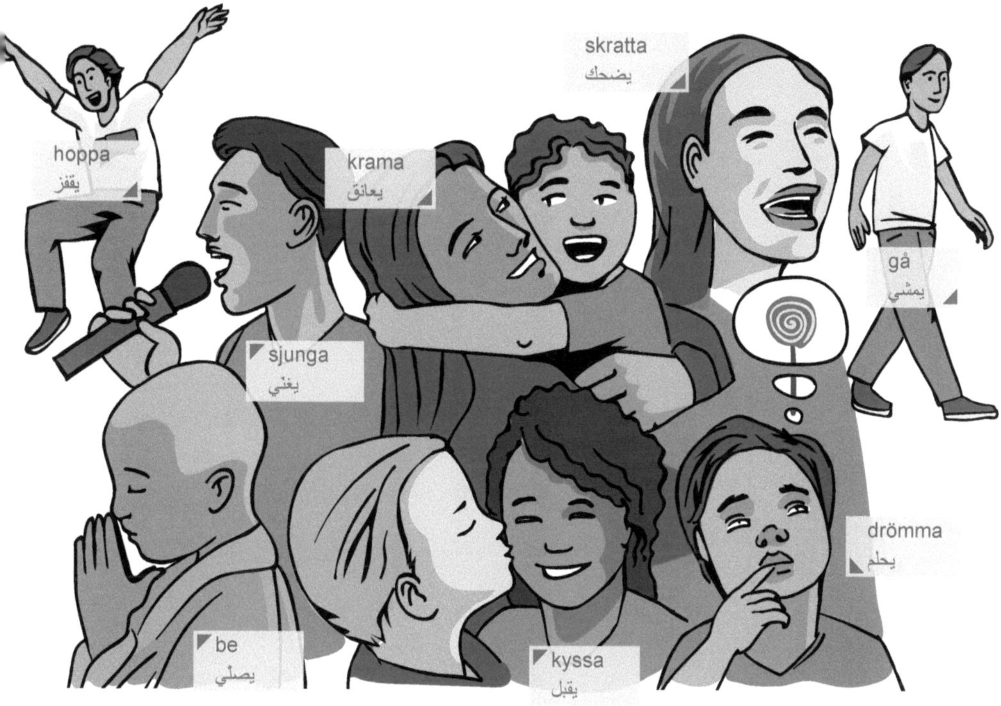

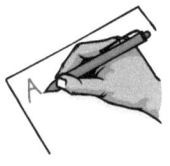

skriva
....
يكتب

rita
....
يرسم

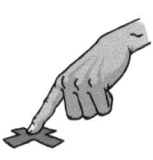

visa
....
يُري

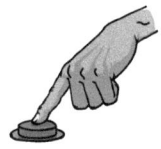

skjuta
....
يدفع

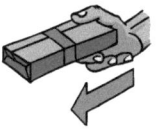

ge
....
يعطي

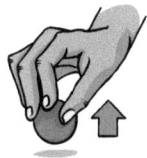

ta
....
يأخذ

hagel

يملك

göra

يعمل

vara

يوجد

stå

يقف

springa

يركض

dra

يسحب

kasta

يرمي

falla

يقع

ligga

يستلقي

vänta

ينتظر

bära

يحمل

sitta

يجلس

klä på

يلبس

sova

ينام

vakna

يستيقظ

se på

ينظر إلى ..

gråta

يبكي

smeka

يمسّد

kamma

يمشّط

prata

يتكلم

förstå

يفهم

fråga

يسأل

höra

يسمع

dricka

يشرب

äta

يأكل

städa

يرتب

älska

يحب

laga mat

يطبخ

köra

يقود

flyga

يطير

segla

يبحر بزورق شراعي

räkna

يحسب

läsa

يقرأ

lära sig

يتعلم

arbeta

يعمل

gifta sig

يتزوج

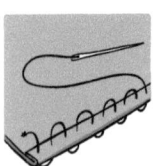

sy

يخيط

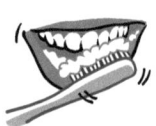

borsta tänderna

ينظف أسنانه

döda

يقتل

röka

يدخن

skicka

يرسل

ormor/farmor
جدّة

morfar/farfar
جدّ

mamma
أم

pappa
أب

baby
الطفل

dotter
ابنة

son
ابن

gäst

ضيف

moster/faster

عمّة / خالة

farbror/morbror

عمّ / خال

bror

أخ

syster

أخت

kropp

الجسم

panna
الجبين
öga
العين
skuldra
الكتف
finger
الإصبع
ansikte
الوجه
haka
الذقن
hand
اليد
ben
الساق
bröst
الصدر
arm
الذراع

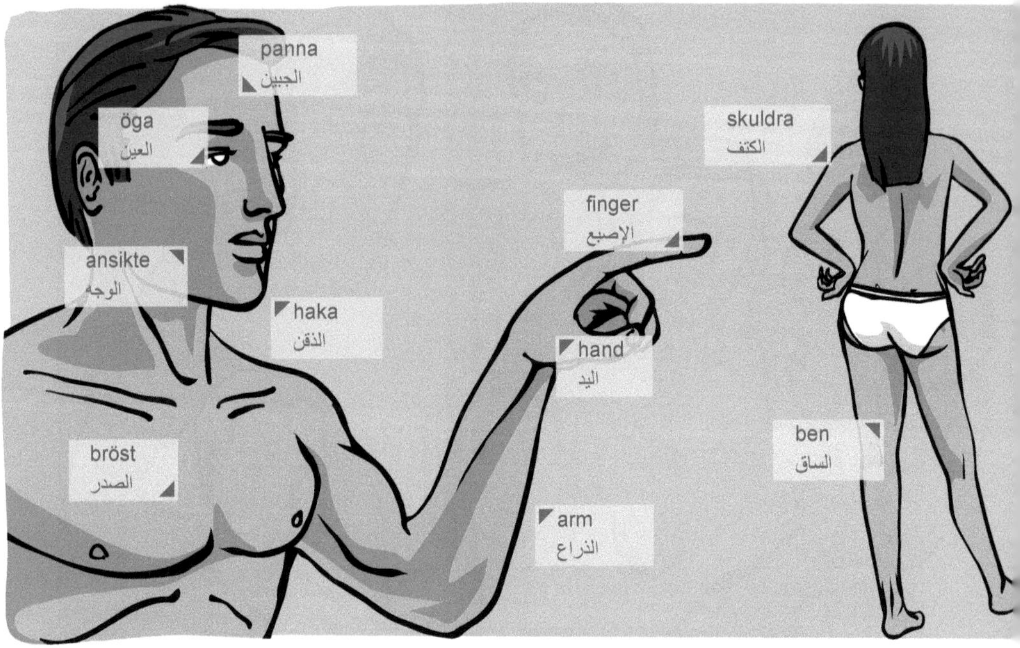

baby

الطفل

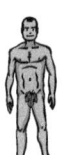

man

الرجل

kvinna

المرأة

flicka

البنت

pojke

الولد

huvud

الرأس

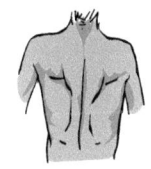

rygg

الظهر

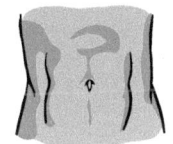

mage

البطن

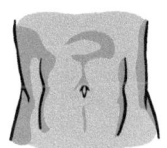

navel

السرّة

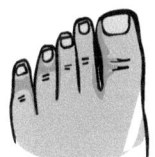

tå

إصبع القدم

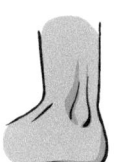

häl

الكعب

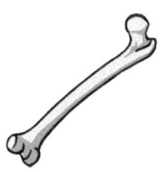

ben

العظم

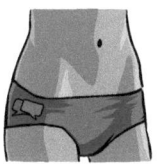

höft

الورك

knä

الركبة

armbåge

المرفق

näsa

الأنف

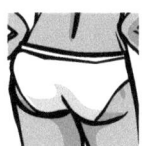

stjärt

العَجُز

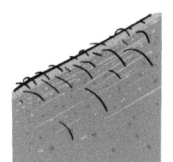

hud

البشرة

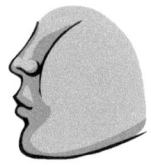

kind

الخد

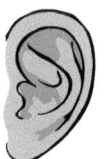

öra

الأذن

läpp

الشفة

mun
....
الفم

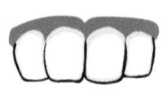

tand
....
السن

tunga
....
اللسان

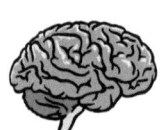

hjärna
....
الدماغ

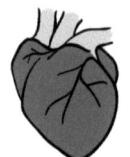

hjärta
....
القلب

muskel
....
العضلة

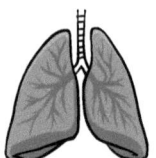

lunga
....
الرئة

lever
....
الكبد

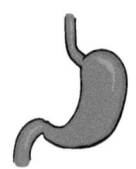

magsäck
....
المعدة

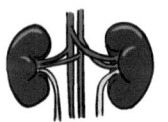

njurar
....
الكِلى

sex
....
الاتصال الجنسي

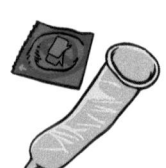

kondom
....
الواقي المطاطي

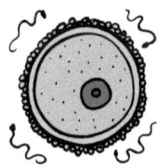

äggcell
....
البويضة

sperma
....
المنيّ

graviditet
....
الحمل

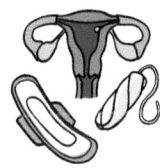

menstruation

الحيض

vagina

المهبل

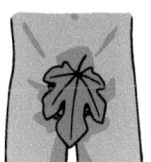

penis

القضيب

ögonbryn

الحاجب

hår

الشعر

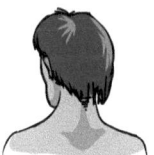

nacke

الرقبة

sjukhus
المستشفى

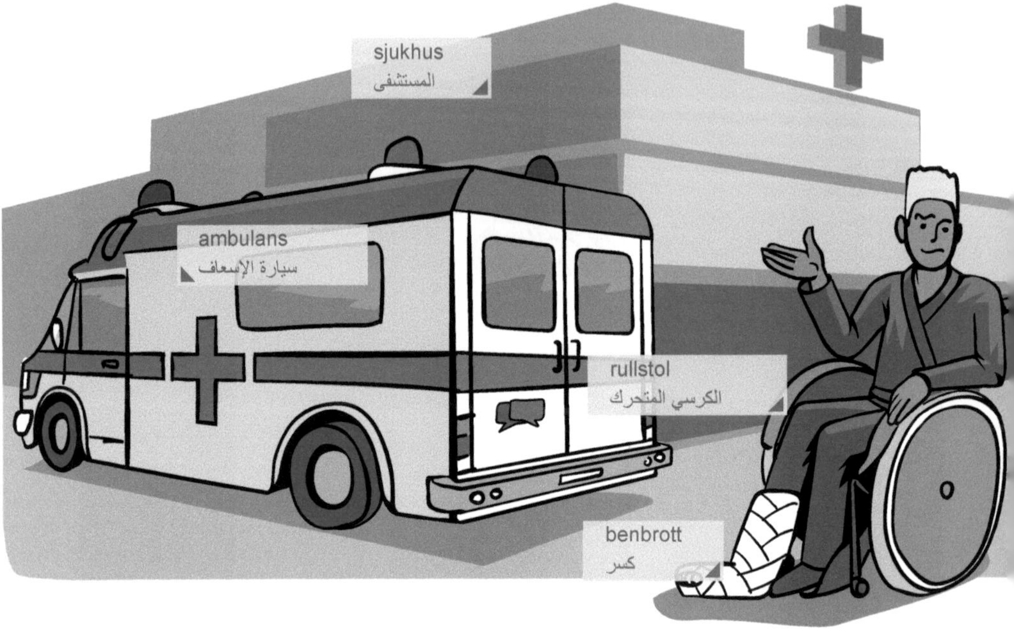

sjukhus
المستشفى
ambulans
سيارة الإسعاف
rullstol
الكرسي المتحرك
benbrott
كسر

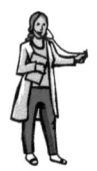

läkare

الطبيب

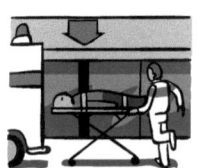

akutmottagning

غرفة الإسعاف

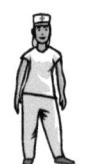

sjuksköterska

الممرضة

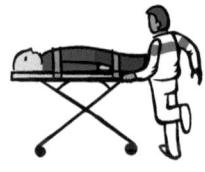

nödsituation

حالة

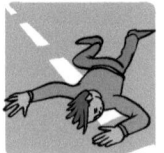

medvetslös

مغمى عليه

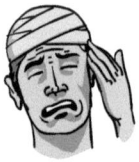

smärta

الألم

skada

إصابة

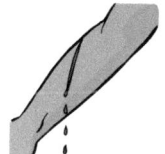

blödning

النزيف

hjärtattack

احتشاء القلب

slaganfall

جلطة

allergi

حسسية

hosta

السعال

feber

الحُمّى

influensa

إنفلونزا

diarré

الإسهال

huvudvärk

وجع الرأس

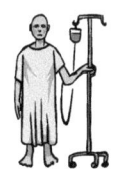

cancer

السرطان

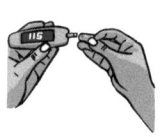

diabetes

مرض السكر

kirurg

جرّاح

skalpell

مبضع

operation

عملية

CT

سيتي سكان

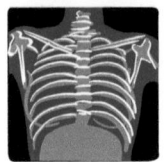

röntgen

الأشعة السينية

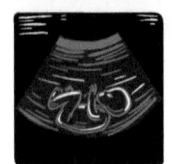

ultraljud

فوق الصوتي

ansiktsmask

القناع

sjukdom

المرض

väntsal

غرفة الانتظار

krycka

العُكاز

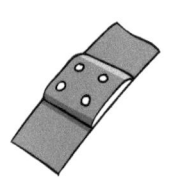

plåster

شريط لاصق

bandage

ضماد

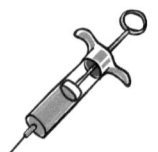

injektion

حقنة

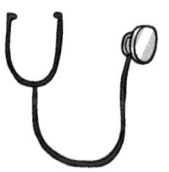

stetoskop

سمّاعة الطبيب

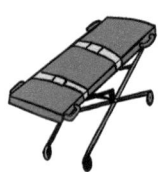

bår

نقالة

termometer

ميزان حرارة

födsel

ولادة

övervikt

وزن زائد

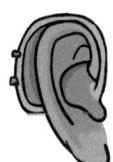

hörapparat

جهاز السمع

desinfektionsmedel

المواد المعقمة

infektion

عدوى

virus

فيروس

HIV / AIDS

الإيدز

medicin

الطب

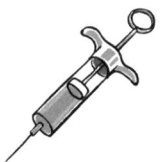

vaccination

اللقاح

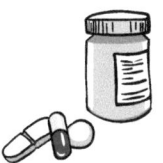

tabletter

أقراص الدواء

p-piller

حبّة الدواء

nödsamtal

نداء النجدة

blodtrycksmätare

مقياس ضغط الدم

sjuk / frisk

مريض / صحيح

Hjälp!

النجدة!

alarm

إنذار

överfall

اعتداء

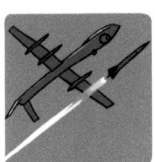

misshandel

هجوم

fara

خطر

nödutgång

مخرج طوارئ

Det brinner!

حريق!

brandsläckare

جهاز الإطفاء

olycka

حادث

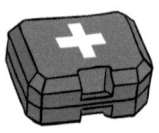

förbandslåda

حقيبة الإسعاف الأولي

SOS

أنقذونا

polis

الشرطة

Jorden
أرض

Europa

أوروبا

Nordamerika

أمريكا الشمالية

Sydamerika

أمريكا الجنوبية

Afrika

أفريقيا

Asien

آسيا

Australien

أستراليا

Atlanten

المحيط الأطلسي

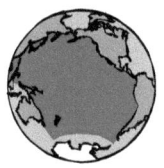

Stilla Havet

المحيط الهادي

Indiska Oceanen

المحيط الهندي

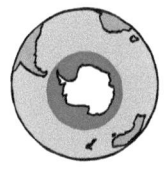

Antarktiska Oceanen

المحيط المتجمد الجنوبي

Arktiska Oceanen

المحيط المتجمد الشمالي

Nordpol

القطب الشمالي

Sydpol

القطب الجنوبي

Antarktis

منطقة القطب الجنوبي

Jorden

أرض

land

بر

hav

بحر

ö

جزيرة

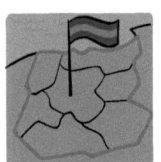

nation

أمة

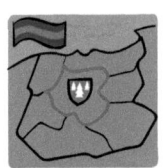

stat

دولة

klocka
ساعة

urtavla

ميناء الساعة

timvisare

عقرب الساعات

minutvisare

عقرب الدقائق

sekundvisare

عقرب الثواني

Vad är klockan?

كم الساعة الآن؟

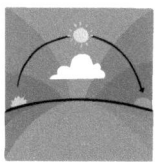

dag

يوم

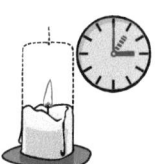

tid

زمن

nu

الآن

digital klocka

ساعة رقمية

minut

دقيقة

timme

ساعة

vecka

أسبوع

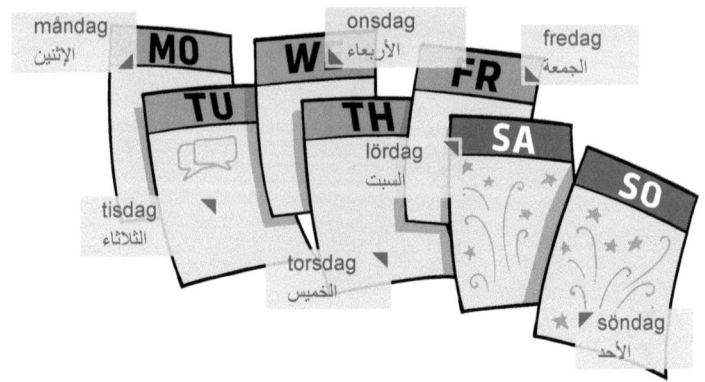

igår

الأمس

idag

اليوم

imorgon

غداً

morgon

الصباح

middag

الظهر

kväll

المساء

MO	TU	WE	TH	FR	SA	SU
1	2	3	4	5	6	7
8	9	10	11	12	13	14
15	16	17	18	19	20	21
22	23	24	25	26	27	28
29	30	31	1	2	3	4

vardagar

أيام العمل

MO	TU	WE	TH	FR	SA	SU
1	2	3	4	5	6	7
8	9	10	11	12	13	14
15	16	17	18	19	20	21
22	23	24	25	26	27	28
29	30	31	1	2	3	4

helg

نهاية الأسبوع

år
سنة

regn
مطر
regnbåge
قوس قزح
vind
ريح
snö
ثلج
vår
الربيع
höst
الخريف
sommar
الصيف
vinter
الشتاء

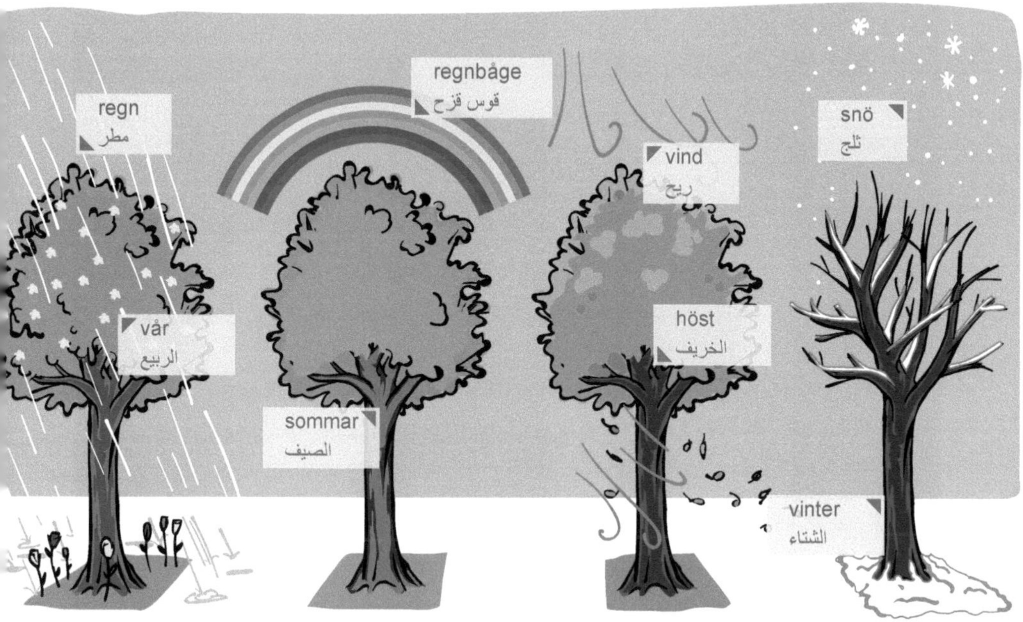

väderprognos
التنبؤ بالحالة الجوية

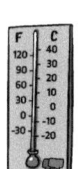

termometer
مقياس حرارة

solsken
ضوء الشمس

moln
سحابة

dimma
ضباب

luftfuktighet
رطوبة الجو

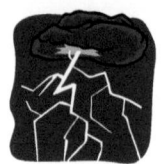

blixt

برق

åska

رعد

storm

عاصفة

hagel

بَرَد

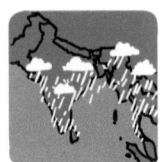

monsun

ريح موسمية

översvämning

طوفان

is

جليد

januari

كانون الثاني / يناير

februari

شباط / فبراير

mars

آذار / مارس

april

نيسان / أبريل

maj

أيار / مايو

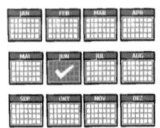

juni

حزيران / يونيو

juli

تموز / يوليو

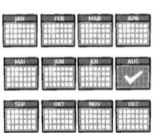

augusti

آب / أغسطس

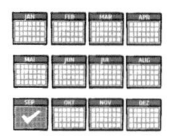

september

أيلول / سبتمبر

oktober

تشرين الأول / أكتوبر

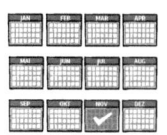

november

تشرين الثاني / نوفمبر

december

كانون الأول / ديسمبر

former

أشكال

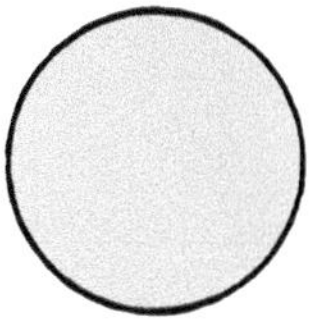

cirkel

دائرة

kvadrat

مربّع

rektangel

مستطيل

triangel

مثلث

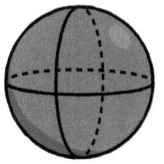

sfär

كرة

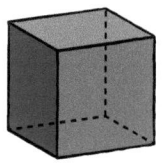

kub

مكعب

färger

ألوان

vit

أبيض

gul

أصفر

orange

برتقالي

rosa

وردي

röd

أحمر

lila

بنفسجي

blå

أزرق

grön

أخضر

brun

بنّي

grå

رمادي

svart

أسود

mycket / lite

كثير / قليل

arg / lugn

غضبان / هادئ

vacker / ful

جميل / قبيح

början / slut

بداية / نهاية

stor / liten

كبير / صغير

ljus / mörk

فاتح / قاتم

bror / syster

أخ / أخت

ren / smutsig

نظيف / وسخ

komplett / ofullständig

كامل / ناقص

dag / natt

نهار / ليل

död / levande

ميت / حيّ

bred / smal

عريض / ضيّق

ätlig / oätlig

صالح للأكل / غير صالح

ond / god

شرّير / لطيف

upphetsad / uttråkad

مثير / ممل

tjock / smal

سمين / نحيف

först / sist

أولاً / أخيراً

vän / fiende

صديق / عدو

full / tom

مليء / فارغ

hård / mjuk

صلب / ليّن

tung / lätt

ثقيل / خفيف

hunger / törst

جوع / عطش

sjuk / frisk

مريض / صحيح

olaglig / laglig

غير شرعي / شرعي

intelligent / dum

ذكي / غبي

vänster / höger

يسار / يمين

nära / långt bort

قريب / بعيد

ny / begagnad

....

جديد / مستعمل

inget / något

....

لا شيء / بعض الشيء

gammal / ung

....

مسِن / شاب

på / av

....

يشعل / يطفئ

öppen / stängd

....

مفتوح / مغلق

tyst / högljudd

....

خافت / عالٍ

rik / fattig

....

غني / فقير

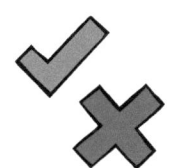

rätt / fel

....

صح / خطأ

grov / slät

....

أحرش / املس

ledsen / glad

....

حزين / سعيد

kort / lång

....

قصير / طويل

långsam / snabb

....

بطيء / سريع

våt / torr

....

مبلول / جاف

varm / sval

....

ساخن / بارد

krig / fred

....

حرب / سلم

siffror

أرقام

0	1	2
noll	ett	två
صفر	واحد	اثنان
3	4	5
tre	fyra	fem
ثلاثة	أربعة	خمسة
6	7	8
sex	sju	åtta
ستة	سبعة	ثمانية
9	10	11
nio	tio	elva
تسعة	عشرة	أحد عشر

12
tolv
اثنا عشر

13
tretton
ثلاثة عشر

14
fjorton
أربعة عشر

15
femton
خمسة عشر

16
sexton
ستة عشر

17
sjutton
سبعة عشر

18
arton
ثمانية عشر

19
nitton
تسعة عشر

20
tjugo
عشرون

100
hundra
مائة

1.000
tusen
ألف

1.000.000
miljon
مليون

språk

اللغات

engelska

الإنكليزية

amerikansk engelska

الإنكليزية الأمريكية

kinesisk mandarin

لغة ماندارين الصينية

hindi

الهندية

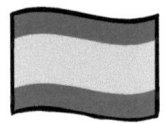

spanska

الإسبانية

franska

الفرنسية

arabiska

العربية

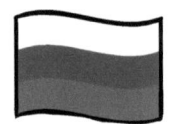

ryska

الروسية

portugisiska

البرتغالية

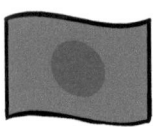

bengali

البنغالية

tyska

الألمانية

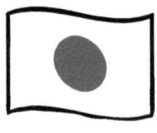

japanska

اليابانية

vem / vad / hur

من / ماذا / كيف

jag

أنا

du

أنت

han / hon / den (det)

هو / هي

vi

نحن

ni

أنتم

de

هم

vem?

من؟

vad?

ماذا؟

hur?

كيف؟

var?

أين؟

när?

متى؟

namn

اسم

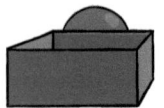

var
أين

bakom

خلف

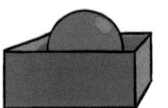

i

في

framför

أمام

över

فوق

på

على

under

تحت

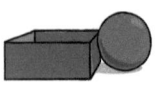

bredvid

جنب

mellan

بين

plats

مكان